1.

-il platano e la mimosa-

Era una giornata uggiosa .
Dalla finestra della classe
traspirava l'odore della
pioggia ; inaspettata è la
concentrazione dello
studente , la sua
meraviglia , nell'osservare
la pioggia cadere
attendendo il suono della
campanella .
Dunque era una giornata
normale , le solite paure ,

le solite insoddisfazioni .
Fortunatamente il
professore quel giorno
decise di non stressarmi ,
non era poi andata tanto
male.
Guardavo l'orologio ,
incredibile , più lo
osservavo e più i secondi
scorrevano lentamente ,
le inventavo tutte per
veder muovere più
velocemente quelle
lancette , ma ogni
sacrificio era vano , niente
da fare , tutto inutile ,
sembravano immobili , per
un istante pensai fosse
guasto e nonostante ci

tenessi tanto non fui
rallegrato nel saperlo
funzionante.
Dopotutto sapevo che
prima o poi sarebbe
passato quel momento e
mi sarei ritrovato a casa ,
davanti ad un bel piatto di
pasta.
In effetti andò esattamente
così , era una giornata
invernale , di un inverno
ormai stanco , nel vedere
le mimose già fiorite mi
convincevo di aver
appreso la scorsa lezione
di scienze sull'effetto serra
e mi avviavo verso casa .
Nel frattempo continuava a

piovere , ne ero contento ,
la pioggia dava sicurezza ,
camminavo con le mie
scarpe di tela tentando
invano di non farle
bagnare , evitavo dunque
ogni pozzanghera e come
mi salvavo da una così ce
n'era pronta un'altra ad
attentare alle mie scarpe ,
sembrava la metafora
della mia vita.
Passeggiando sotto la
pioggia non di rado capita
di imbattersi nei pensieri
più remoti e non raramente
anche più sensati ,
esattamente questi erano i
pensieri che odiavo più di

tutti e li respingevo ,come fossero la causa del mio malumore.

I platani spogliati dalle foglie mi accompagnavano lungo il tragitto e guardandoli bene sembravano rappresentarmi più delle mimose fiorite , probabilmente erano vittime anche loro del mio stesso malumore , pensai: " peccato non possano parlarmene , li ascolterei volentieri".

Chi soffre di malumore o compensa con il sorriso e le chiacchiere o

chiudendosi nelle paure.
Di certo un albero non
poteva provar paura , dopo
tutto quel tempo , tutta
quella esperienza , Dopo
aver affrontato venti gelidi
ed innumerevoli secche
estati non poteva esser
intimorito da una tal
sciocchezza.
Se per un attimo avevo
avvertito un minimo di
comprensione era subito
svanita e mi ritrovavo
nuovamente solo con le
mie perplessità.
La fame quel giorno
superava i miei pensieri ,
aprii il cancello e lasciai

tutto alle spalle o meglio ,
al giorno successivo.

2.

-la lucertola ed il bastone-

Come già accennato
quello che vivevo era uno
strano inverno , una
misterioso legame univa
quel Natale oramai
dimenticato e l'angoscia
dei compiti per le vacanze
mai svolti.
Mi trovavo dunque sempre
sul solito tragitto , sentivo
ormai che tra me e quel
tratto di asfalto si era
creato un legame profondo
, dopotutto era proprio in

quella strada che concentravo tutto il mio spirito ed ogni giorno riuscivo a formulare un pensiero nuovo , capace di trasmettere pace nel caos circostante.

Insieme ai miei pensieri tutto il cemento , l'asfalto e gli alberi di quel tratto di strada prendevano una forma diversa , erano ormai la mia culla , solitamente il tratto più impegnativo nel quale raccoglievo le idee migliori era l'ultimo , quello vicino a casa , a volte troppo.

Non mi permetteva spesso

di finire il mio
ragionamento che
terminava con il chiudersi
del portone.
Quel giorno nell'aria c'era
qualcosa di diverso ,
camminando notavo
l'asfalto spaccato e notavo
che delle pozzanghere del
giorno precedente non
rimaneva che un sottile
strato di terra umida,
quantomeno non dovevo
temere più nulla per le mie
scarpe , o quasi.
Ad un tratto una
macchiolina scura sul
bianco travertino del
marciapiede catturò la mia

attenzione , non distinguevo la forma e le dimensioni incrementavano la mia curiosità , decisi così di avvicinarmi , ogni passo ero più vicino alla soluzione del mistero e già assaporavo il gusto dell'unica risposta alle innumerevoli domande che mi ero posto nel tragitto. Arrivato al margine del marciapiede assistei ad una visione più unica che rara in una giornata gelida come questa , l'oggetto misterioso era una lucertola.

Giaceva immobile con la coda mozzata , sembrava aspettasse qualcuno , decisi di aspettare qualche secondo con lei .

La situazione mi sembrava tanto stupida che fingevo di allacciarmi le scarpe per paura che qualche passante potesse vedermi , in realtà ero solo e lo sapevo , ma provavo vergogna di me stesso.

La lucertola era ferma , immobile , forse dormiva? Come era finita li? A dormire poi... su un marciapiede...

Ogni ipotesi pareva

sempre più improbabile.
Affianco al piccolo rettile si
trovava un bastone
piuttosto tozzo e corto ,
decisi di usufruirne per
Tastare il corpicino della
povera bestiola .
Mi avvicinai lentamente
per non spaventarla nel
caso dormisse, la distanza
che separava il bastone
dal ventre dell'animale era
sempre meno , ero
ansioso e decisi di
troncare l'attesa , toccai
così l'animale ma questo
sembrò non accorgersi di
nulla , che facesse finta di
non vedermi? Ma come è

possibile? "È solo una lucertola" pensai e decisi di ritoccarla ,questa volta più energicamente, tanto che rivoltai supino l'animaletto e ne potei ammirare il ventre , era verde , ma non un verde brillante , era un verde sfiorito , del tutto simile a quell'inverno.

Mi accorsi con dolore che proprio nel mezzo del collo un solco segnava la pelle della piccola , ricostruii in un istante l'intera scena del delitto , magari opera di qualche bambino poco educato al rispetto della natura , mi guardai attorno , non c'era nessuno , solo io ed il bastone.

"Certo!" , esclamai ,"il bastone!" , l'arma del delitto la stringevo proprio tra le mani .

Per un breve momento mi sentii complice di quell'assassinio ma cercai prontamente di tornare alla razionalità , in fondo che colpa ne avevo? E comunque poteva esser andata in mille altri modi.

Mi calmai e scavai una piccola fossa per il piccolo Sauro.

Per un attimo avevo

creduto che la mia curiosità mi avesse fatto incontrare un compagno che potesse capirmi , fuori luogo come una lucertola nel freddo dell'inverno. Purtroppo non era così , il rettile era stato fermo accanto a me solo perché privo di vita , altrimenti sarebbe di certo scappato. Rientrai quella volta un po' più tardi nel mio portone ma con una storia un po' più difficile da raccontare

3.

-l'allegro corteo-

A svegliarmi quella mattina
non fu mio padre .
La giornata era cominciata
molto peggio del solito ,
dalla strada proveniva un
gran fracasso , la faccenda
mi infastidiva e mi
incuriosiva allo stesso
tempo.
Come mai tanto baccano
in un quartiere periferico
come il mio?
Non persi tempo , mi alzai
più rapidamente del solito ,

alzai la serranda , aprii la finestra e lo spettacolo che mi si presentò dinnanzi era del tutto inusuale.

Una manifestazione? Qui? Quali potevano essere le ragioni?

Feci colazione , preparai la cartella e velocemente mi infilai nella folla , quel giorno lo zaino era più pesante del solito.

Cercavo una risposta , ma non la trovavo , uomini e bambini vestiti di rosso suonavano un ritmo quasi militaresco.

Che stesse scoppiando una rivoluzione?

In Italia?! Dopo quest'ultima riflessione smisi di allarmi ma il dubbio rimaneva.
Mi avvicinai sempre più a quella sorta di banda , suonavano degli strani strumenti a percussione. Davanti a loro delle donne con delle bambine improvvisavano una coreografia , l'effetto che si creava rendeva il tutto molto affascinante.
In un attimo le mie spalle mi richiamarono all'attenzione , lo zaino pesava molto.
Lo avrei lasciato volentieri

lì, ma con che coraggio si poteva lasciare per terra? Strinsi le bretelle , ora lo sentivo anche sulla schiena .

Sin da piccino mi era stato fatto apprendere che sopportare quel peso mi avrebbe portato tante soddisfazioni.

In quel momento però la soddisfazione più grande sarebbe stata prender parte di quell'allegra festa o quantomeno di conoscerne le ragioni.

Non ebbi il coraggio di chiedere informazioni , avevo paura di esser

invitato a restare con loro ,
esser costretto a rifiutare
ciò che desideravo era un
dolore che non potevo
patire.
Andai così alla fermata
dell'autobus , quella
giornata scolastica iniziava
diversamente.

4.

-un'ombra per amica-

Spesso la frenesia non ci permette di soffermarci sui particolari e con troppa leggerezza confondiamo nella brodaglia della quotidianità dettagli e sfaccettature .
Questo mi accadeva fin troppo spesso e camminando per il mio solito sentiero non mi rendevo conto di alcuni tratti caratteristici di quell'itinerario.

Solitamente camminavo a testa bassa , non mi era dunque possibile ammirare le piccolezze di quei luoghi.

Come ogni giorno dunque passeggiavo con il viso rivolto verso la mia ombra . La vedevo proiettata prima sulle radici degli alberi , poi su alcuni piccoli arbusti d'Acacia ed ancora su un basso muretto che costeggiava la mia strada. "Certo deve esser triste vivere come un'ombra" , ragionavo: "si è presenti ed assenti allo stesso momento"

Di certo un ombra non può avere amici ne parenti , come potrebbe averli se non ha neppure un nome? Pensai qualche minuto a che nome dare alla mia ombra.

Che stupido! "È la mia ombra" pensai: "si chiamerà "Federico" ! proprio come me!"

In effetti io e Federico ci conoscevamo da sempre ma in tutti quegli anni non avevamo mai stretto un rapporto.

Non mi ero mai interessato a lei e probabilmente neanche ora lo ero

realmente.
In fondo eravamo amici
solo perché entrambi
vivevamo in basso , dove
guarda solo chi non sa
ammirare il mondo con
stupore.
Almeno lei non aveva
obblighi , le bastava che
qualcuno spegnesse la
luce per sparire .
Mi piacerebbe sparire con
lei , ritirarci al buio non
sarebbe poi male.
Girai l'angolo e la mia
ombra scomparve , mi
voltai per cercarla ma
niente da fare era sparita.
Il palazzo copriva il sole .

Per rivedere la mia ombra avrei dovuto aspettare il giorno seguente quando alla stessa ora , sullo stesso tragitto mi avrebbe rifatto compagnia.
"Io e la mia ombra non siamo poi tanto diversi", pensai : "quando si spegne la luce sono invisibile anche io".
Presi in mano le chiavi del portone , le misi nella serratura ed aprii la porta di casa , posai la cartella e mi misi sulla poltrona ,ero già distante dai pensieri di quella giornata, avrei

sicuramente rivisto la mia ombra.

5.

-dipinti di strada-

L'ansia di ottenere la
felicità è probabile che sia
la causa della nostra
tristezza.
Quel giorno l'aria era piena
di interrogativi.
Sapevo di voler qualcosa ,
mentivo a me stesso per
tenermela celata.
Preferivo cambiare visione
del mondo ogni giorno ,
era meglio un'idea confusa
ad un'idea scomoda .
Mi ritrovavo così a

camminare per il mio
sentiero , i giorni di pioggia
erano solo un ricordo ma
l'aria era ancora fredda e
l'inverno tardava a finire.
Avrei avuto bisogno di un
contatto umano capace di
rendermi ciò che per molto
tempo avevo donato ma
evidentemente era più
difficile del previsto.
Molto semplice è fermarsi
alle apparenze , cogliere
non nell'intero ma solo ciò
che si vuole.
Questi pensieri però non
erano casuali , erano infatti
scaturiti da un Incontro
alquanto particolare in vie

monotone ed isolate come quelle.

Alzai di poco lo sguardo e vidi appoggiate ordinatamente sul muro delle tele dipinte.

Cercai inutilmente l'autore , nessuno che le custodisse , "chi abbandonerebbe mai le proprie opere?" , per quelle vie poi, dove sicuramente non si può sperare nel passaggio di un critico d'arte.

Mi soffermai ad osservare alcuni dei dipinti.

A colpo d'occhio parevano astrazioni di chissà quale

mente contorta.
Mi accovacciai per avere una visuale migliore , scaricai quindi il mio peso sulla schiena e sulle gambe facendo attenzione a non sbilanciarmi.
Dopo qualche istante mi abituai all'apparente disordine di quei dipinti , le forme ed i colori si mescolavano assumendo senso , il significato che volevo conferire a quelle figure pareva di volta in volta il più appropriato.
L'ansia di una felicità non raggiunta congelò quell'istante , ero tanto

vicino alla soddisfazione ,
al raggiungimento pieno
del significato , a trovare la
risposta alle mie domande.
Mi rialzai in piedi ed un
istante dopo i quadri erano
spariti ,il muro era vuoto, il
tufo che componeva quelle
mura sembrava più scuro,
forse per via dell'umidità
accumulatasi nei
precedenti giorni di
pioggia.
Tuttavia decisi di non
pensarci più , sapevo che
sarebbe stato troppo tardi ,
mi rimisi in marcia e tornai
a casa.
Non ero soddisfatto di

quella giornata , non avevo risolto i miei dubbi , anzi.. Quello strano incontro li aveva incrementati , il chiudersi del portone riporrà lontano le mie domande , era ora di pranzo.

6.

-L'ulivo e la frana-

Mi trovavo come ogni
mattina seduto dietro un
banco .
Sedie , cattedra e lavagna
erano solo la intelaiatura di
una messa in scena
quotidiana.
Ogni giorno si
concretizzavano sempre
più le mie paure , nulla che
mi stimolasse , tutto
appariva contro di me.
L'unica certezza e l'unica
aspettativa che ormai
quell'istituzione aveva da
me era la formalità dell'uso

della terza persona singolare.

Uscendo da scuola mi accorsi che le foglie dell'ulivo davanti al cancello erano danneggiate a causa della grandine dei giorni antecedenti .

Avrei tanto voluto essere come quell'ulivo , nonostante le imperfezioni non perdeva fascino , anzi probabilmente era proprio la sua corteccia non lineare e vissuta e la sua chioma macchiata dalle intemperie a renderlo tanto speciale.

Poco più avanti dell'uscita della scuola , dove prima si trovavano arbusti e sterpaglie era ormai rimasto solo un cumulo di terra brulla , il quale a causa delle forti piogge era crollato occupando il marciapiede ed una corsia della strada .
La terra da scalare non era poi tanta , ma a vederla tutta insieme avrebbe intimorito anche il più coraggioso , "era meglio quando sopra vi crescevano la gramigna e l'edera " pensai , "quantomeno

mantenevano salda la collina".

Più tempo passava e più dietro di me la gente cominciò ad infastidirsi , sentivo nelle mie orecchie voci confuse che mi esortavano a continuare il tragitto.

Non era possibile , come fare a scavalcare quel cumolo?

Una corsia era ancora libera , sarei potuto passare da lì , mi avvicinai a questa , avevo la visuale coperta dalla terra , che nel frattempo pareva aumentata .

Mi sporsi ed una macchina mi sfrecciò ad un palmo dal naso.

Questa soluzione sembrava quasi peggiore della precedente.

Era evidente , ero in trappola.

Incastrato senza vie d'uscita accettai l'unica soluzione che mi si prestò davanti.

Mi girai , dietro di me non c'era più nessuno, mi interpellai un istante sul dove fossero andati tutti , probabilmente erano solo il frutto della mia fantasia.

Quasi avevo dimenticato ,

ero uscito due ore prima quel giorno al fine di evitare una brutta interrogazione d'inglese. Tornai dunque indietro sino a scuola e mi misi seduto sul muretto d'innanzi a questa ,decisi di aspettare il suono dell'ultima campanella e di tornare a casa con i miei compagni , con la speranza che qualcuno sgombrasse per tempo la strada.

7.

-il deposito dei bus-

Tornando a casa da
scuola passavo sempre
davanti un deposito dei
bus ormai abbandonato ,
avevo sempre sognato di
poterci entrare .
Non che i bus mi piacciano
particolarmente ma si può
ben comprendere l'alone
di mistero che ricopre un
deposito abbandonato , il
classico fascino dell'ignoto
come possibilità di fuggire
al quotidiano.

Mi sentivo come un mercante in cerca della sua fortuna e quel deposito sembrava esser la meta tanto cercata e per la quale avevo peregrinato a lungo.

Insomma come ogni giorno mi avvicinai alla sbarra che ne impediva l'accesso , a sorvegliare quel luogo non c'era nessuno ne di notte ne di giorno.

Nel quartiere circolavano voci da tempo , sembrava che qualcuno avesse avuto il coraggio di oltrepassare quella sbarra

, non che fosse poi particolarmente ingegnosa come operazione ma richiedeva audacia.
All'epoca mi piaceva definirmi un "sognatore" e nel mio caso l'esser un sognare non concordava con l'esser coraggioso, anzi tale caratteristica si poneva nella più completa antitesi con la prima.
Mi immaginai nei modi più buffi l'interno di quel deposito.
Mi appariva sempre come un luogo buio , tenebroso bensì mai malvagio ed era proprio per questo motivo

che non sarei mai voluto entrarci.

Il sogno che stavo vivendo era tanto reale che per un secondo fui quasi felice , come se avessi affrontato almeno parte della mia paura.

Tornai in me , ero fermo davanti al cancello , non mi ero mosso di un centimetro , come è difficile superare gli ostacoli e questo era persino peggiore del cumulo di terra.

Continuai così a camminare sino a casa , ero logorato dal rimorso

questa volta.
Provavo rabbia per non
averci provato.

8.

-finta cortesia e strisce
pedonali-

L'inverno era oramai sul
finire , la primavera era
alle porte e le ultime
settimane di freddo
scorrevano veloci.
Come sempre mi trovavo a
percorrere il tragitto che da
scuola porta a casa.
Per arrivare al portone di
casa dovevo attraversare
la strada.
Quella di casa mia non è
una strada molto trafficata
e solitamente
l'attraversavo sovra

pensiero.

Come ogni giorno dunque aspettavo di trovar le strisce pedonali per passare sul lato opposto della strada quando sentii in lontananza il rombo di un'automobile .

Scesi con un piede dal marciapiede e mi apprestai ad attraversar la strada. Vedevo già il portone di casa e mi concentrai sui dettagli di quest'ultimo , dietro quel portone nascondevo le insoddisfazioni e le paure quotidiane ed ogni giorno era come se mettessi la

polvere sotto al tappeto aspettando un fatidico giorno delle pulizie.
Mentre mi perdevo in questi pensieri inavvertitamente avevo rallentato il passo e mi accorsi che una macchina attendeva il mio passaggio , era strano , ero disabituato alla gentilezza. Continuai ad attraversare lentamente , non distinguevo la figura del guidatore , forse neanche mi interessava , ero stupito dal gesto , chi lo avesse fatto poco mi importava. Sicuramente non doveva

essere un altolocato ne un popolare ma doveva essere un nobile , un nobile d'animo.

La macchina era di un blu scuro , una tonalità insolita ma elegante , stimavo già la figura che si celava dietro quel parabrezza . Avevo impiegato tanto ad attraversare la strada ed era tanta la voglia di vedere in volto il fautore di quella gentilezza che ad un tratto i ruoli si invertirono ed ero io ad aspettare che egli passasse per poter dare una rappresentazione

fisica a quel gesto.
Non appena mi avvicinai
alla fine delle strisce senza
attendere che avessi
attraversato
completamente la
macchina mi sfrecciò
affianco.
Ero di spalle ed avevo
perso l'unica opportunità di
conoscere l'autore di
quella cortesia.
Non avevo fatto in tempo a
finire di stupirmi che mi
dovetti subito ricredere.
Il fascino per quel gesto
era andato distrutto dopo
che l'automobilista mi
scartò , la rabbia e

impazienza di quel gesto avevano superato la nobiltà di quello precedente.

Pensavo di aver trovato un idolo , ma era evidente che mi sbagliavo grossolanamente.
Finii di attraversare ed entrai nel portone.
Ero deluso ed amareggiato , ero stato illuso dalla mia stessa speranza.
Forse la colpa era stata solamente la mia , non avrei dovuto fidarmi delle impressioni.
Presi così l'ascensore ed andai a mangiare , il

pensiero non mi
abbandonò fino al giorno
dopo.

9.

-Pietre miliari-

Tornando da scuola come sempre il mio sguardo era rivolto verso il basso .
C'era come una barriera immaginaria ad impedirmi la visione del mondo circostante per intero.
Dopotutto non è poi tanto male guardare in basso , non bisogna per forza cercare in alto per ottenere soddisfazioni o almeno così credevo , in realtà riuscivo ad ottenere solo ciò che mi era necessario per la sopravvivenza ,

vedevo solamente dove
mettere i piedi per non
cadere in terra ma non
guardavo più in là di tre o
quattro metri e quindi mi
era impossibile schivare i
pericoli più minacciosi ,
quelli che vengono
dall'alto.
Quel giorno però dovevo
temer poco , stranamente
c'erano poche macchine in
giro e per strada non
girava nessuno.
Camminando non mi
perdevo neanche un
dettaglio dell'asfalto , era
bello poter costatare che i
difetti della strada non

fossero stati riparati , non da terzi almeno , facevo quella strada ogni giorno e oramai la sentivo mia , se ci fosse stato qualcuno a doversene occupare quello sarei stato io , quelle erano le mie buche ed il mio asfalto spaccato!
in un momento la mia attenzione fu catturata da un mucchietto di sassi disposti quasi geometricamente , certo che se fosse un caso che fossero disposti in quella maniera sarebbe stata davvero una particolarità non indifferente.

Scorsi con lo sguardo l'asfalto limitrofo e vidi che vi erano altri sassolini tali e quali a quelli , questi però erano allineati e continuavano lungo la mia strada , affascinato da questa novità continuai seguendo la scia che sembrava portarmi fino a casa.

Tutto filava liscio , quei sassi mi stavano portando verso casa , quando improvvisamente cambiarono direzione in un piccolo bivio prima di casa mia.

"Ed ora che si fa?" Pensai,

andare a casa significava esser al sicuro ma la voglia di un riscatto era troppo grande quindi scelsi di seguire i sassi , certo non senza timore , mi sentivo in tutto ed per tutto in mano al fato.

Continuai a seguire i sassi fino alla rampa d'uscita di un garage , qui infatti i sassi terminavano , dove potevano esser gli altri , possibile che conducessero ad un garage?

Infatti non era così , presto mi accorsi che ce ne erano di sparsi disordinatamente

per la strada , era
evidentemente che fossero
stati calpestati o gettati
violentemente per la
strada , forse proprio da
chi a terra non ci guarda
mai.
Era stata una delle
sconfitte più grandi di
sempre , seguii cosi la scia
di sassi nel verso opposto
e tornai a casa.
Avevo provato una strada
nuova ma senza una guida
come potevo arrivare al
traguardo?
Quel giorno decisi di non
pranzare ero stato già
saziato dall'irrisolutezza

10.

-il merlo-

L'inverno stava ormai
definitivamente finendo ,
erano giorni oramai che
non pioveva più.
La strada per tornare da
scuola si faceva sempre
più faticosa ,erano anni
oramai che affrontavo
sempre lo stesso tragitto
ed ogni giorno avevo
cercato di affrontarlo in
modo diverso ma solo ora
mi accorgevo che a
cambiare doveva essere il
tragitto in sé , come poteva
ispirarmi quella strada se

anche nelle minime
sfaccettature mi era ostile?
Per quelle strade ero a
disagio , ero giudicabile ,
ero costretto a guardar per
terra.
Erano altri i tragitti che
avrei preferito percorrere ,
magari un po' più lunghi
ma più piacevoli.
Sognavo un percorso dove
non mi sentissi
perennemente solo , dove
fossi compreso ed
apprezzato per chi sono e
per le mie qualità.
Mentre ragionavo su
questi argomenti mi fermai
improvvisamente ,

sembrava quasi una visione mistica , un miraggio.

Da lontano vidi una figura scura sul bordo del marciapiede , "che sia un'altra lucertola morta?" pensai , "questa volta non mi illudo".

Dunque mi avvicinai sempre più , fino a distinguerla chiaramente , era un Merlo , anzi una merla.

Ne distinguevo il sesso dal piumaggio grigiastro e dal suo becco scuro , color fuliggine.

Rimasi estasiato per

qualche istante , speravo
che non mi giocasse brutti
scherzi come il Sauro .
Quindi mi avvicinai ancora
per osservarlo meglio ,
quello subito si mosse e
saltò verso un piccolo
spazio di terra in cerca di
cibo ,che strana
coincidenza , si posò
esattamente dove avevo
adagiato il corpo del
piccolo rettile e proprio lì ,
infilò il becco e trovo un
grande lombrico.
Era meraviglioso , come
un piccolo barlume di
speranza ,quel piccolo
pennuto era lì ad

incoraggiarmi.
Allora c'era qualcosa di vivo su quell'asfalto , c'era qualcosa che mi invogliasse a sognare , quel piccolo uccello divenne immediatamente l'icona della mia lotta per cambiare quel tragitto che troppo a lungo mi aveva fatto soffrire il freddo della solitudine.
L'uccellino continuava come se niente fosse a saltare qua e là tra le macchine , per guardarlo meglio mi misi a terra con le gambe incrociate , "chissà se sa quanto sia

importante per me " pensai
"potessi lo abbraccerei" .
Dovevo trovare un modo
per ringraziarlo , ma come
potevo fare?
Mi ricordai che all'interno
del mio zaino , nella busta
della merenda , doveva
esserci ancora qualche
briciola della torta che
avevo consumato a
ricreazione.
Presi dunque la busta e ne
svuotai il contenuto
sull'asfalto .
Nell'atto di sventolar la
busta evidentemente feci
troppo chiasso , tanto che
l'uccello volò via lontano ,

era ormai irraggiungibile anche con la vista.
Non sapevo minimamente dove fosse , ne se avesse apprezzato il mio gesto.
Per un attimo la mia ispirazione era stata lì , ma poco dopo era volata via con quella merla.
Di certo l'uccellino non c'era più , ma comunque sentivo che in me qualcosa di diverso c'era.
Accennai così un sorriso, mi alzai in piedi e con le mani mi pulii i jeans.
Raccolsi lo zaino , me lo misi in spalla e mi preparai ad affrontare per l'ultima

volta quel triste e
sconfortante tragitto , non
sapevo come ma ero già
cambiato.
Arrivai al portone , entrai e
lo richiusi delicatamente ,
quel giorno il cibo aveva
un sapore diverso.

-interstizio-

Parte 1.

Non era molto che ero sveglio e sin dalle prime ore della mattinata in me ardeva una voglia di libertà.
Questo fuoco che divampava in me era assolutamente irrefrenabile ed impossibile da contenere su una sedia.
La lezione non mi toccava minimamente , doveva

essere matematica o fisica
, non distinguevo
nemmeno il confine tra le
due .
Mi affacciai quindi alla
finestra , quanti posti si
vedevano...
Di per sé quella scuola
non era male , forse erano
i professori a renderla
inappetibile o le materie ..
Insomma , quel paesaggio
mi piaceva , mi affascinò al
punto da farmi
incominciare a sognare.
Vedevo i ragazzi giocare a
pallone in cortile e mi
immaginavo nelle vesti
dell'attaccante pronto a

tirare in porta.
Poi guardai più lontano e c'era un'altra scuola , sembrava più bella della mia , la struttura era più invitate ed i ragazzi sembravano felici o forse ero io ad esserlo vedendoli uscire da lì.
Dunque mi sarebbe piaciuto visitare quella scuola.
La campanella come al solito mi richiamò all'ordine , sembrava dire "è questo il tuo posto , qui sei stato iscritto e qui devi rimanere"
Cominciavo a non crederci più.

Parte 2.

L'anno scolastico era terminato. Finalmente avevo ucciso quel mostro che ormai mi perseguitava da tre anni.
Ma in che modo era accaduto? E con quali conseguenze?
Per non sembrare troppo stupido negli ultimi periodi avevo cercato di riaccendere le speranze e tentai una corsa disperata verso la sufficienza , se non altro per dimostrare a me ed agli altri di poter fare molto se solo avessi

voluto.
Presi una rincorsa troppo
corta che non mi permise
di compiere il salto che mi
aspettavo.
in molte occasioni ebbi
modo di pensare di non
essere riuscito nemmeno
ad uscir di scena con
dignità.
Vedevo i miei compagni
ansiosi ma vogliosi di
sapere il resoconto di
quell'anno di fatiche.
Io non avevo ansia , non
potevo aspettarmi niente di
meno e niente di più
rispetto al giusto.
Non era semplice per me

ammettere una tale situazione ma ero costretto a farlo , come avrei potuto pensarla diversamente?! Cercavo semplicemente di farla pesare il meno possibile a chi mi era vicino , evitando il discorso sistematicamente.

Passò qualche giorno dopo l'Ultimo giorno di scuola , la chiamata che attendevo e che si era fatta desiderare era finalmente arrivata.

I miei genitori erano stati convocati d'urgenza ed il giorno seguente si sarebbero recati a scuola

per questo motivo.
Di quel momento mi impressionò non tanto la chiamata , quella potevo comprenderla , bensì gli sguardi e le parole a mezza bocca con mio padre e mia madre.
Vidi i loro sguardi per un istante persi in un cocktail di rabbia , frustrazione e delusione.
Immaginai si stessero domandando cosa avrebbero potuto fare di più o di diverso rispetto a come si erano comportati in quegli anni.
Mi trovai dunque nella

strana situazione di doverli tranquillizzare.

In effetti era vero , ero deluso di me stesso ma ero tranquillo , sapevo che avrei trovato la mia strada.

Arrivò il fatidico giorno , i miei erano tesi e rassegnati allo stesso tempo.

Stavano per uscir di casa quando li fermai , "vengo anche io" esclamai , non diedi spiegazioni per quel gesto forse troppo istintivo per esser motivato ma sentivo di doverlo fare , in fin dei conti quella chiamata era diretta a me ,

non a loro.
Arrivammo a scuola ,
entrammo nell'aula nella
quale mi attendevano i
professori.
A parlare fu la più anziana
delle professoresse e forse
anche la più emotiva.
Le era stato affidato quel
triste ruolo e non le si
addiceva per nulla.
Mi invitò a sedermi e mi
misi a fianco ai miei
genitori e davanti alla
professoressa.
Avevo capito tutto ,
d'altronde lo sapevo già da
prima .
La professoressa non

sapeva come ne cosa
dirmi.
Per la prima volta mi sentii
io professore e lei allieva
impacciata.
Finalmente dopo qualche
istante di attesa si
pronunciò così: "Mi
dispiace , non hai superato
quest'anno ".
Ci fu un secondo di
silenzio , era triste aver
ragione e mi divenirono gli
occhi lucidi ma subito
razionalizzai , dovevo star
calmo.
A spezzare quel momento
fu un' altra professoressa ,
seduta vicina alla prima ,

mi mise in mano un
foglietto .
Subito spiegò "qui sono
indicati altri indirizzi ,
potresti optare per uno
meno impegnativo".
Il suo gesto non voleva
essere un affronto ma io lo
interpretai nel peggiore dei
modi .
Presi il foglietto in mano e
sunito lo riconsegnai , "non
voglio una scuola più
semplice " risposi , le
professoresse subito si
accorarono per giustificare
quel bieco fraintendimento.
Reputai inutile ogni altra
forma di interazione ,

sapevo benissimo ciò che volevo è non era sicuramente lì che dovevo cercarlo.
Mi affrettai a chiudere quella conversazione , mi alzai e feci un cenno di saluto per buona educazione.
La professoressa buona ed anziana mi scortò fino all'uscita.
Per la prima volta avevo preso le redini della mia vita , non avevo solo immaginato di farlo.
I miei genitori anche se ne resero conto e si mostrarono aperti alle mie

proposte .
Ero finalmente libero ,
come dopo una relazione
lunga e stressante , ero
sfiancato ed avevo
sofferto.
Ora potevo scegliere che
fare di me stesso.

Parte 3.

Un nuovo anno scolastico stava iniziando , avevo cambiato completamente piano di studi.

Ora ero nel mio ambiente ideale , vivevo l'apprendimento scolastico come una scoperta magnifica.

Ogni giorno mi ripagava degli sforzi fatti durante tutti quegli anni e mi convincevo sempre più delle mie possibilità.

Reputai fondamentale per la mia crescita il coltivare i rapporti umani dandogli la

giusta importanza .
L'entrare in un ambiente
nuovo mi aveva permesso
di aggirare il pregiudizio
che mi perseguitava.
Ora potevo scegliere chi
essere , come
presentarmi.
Ero più grande , più
maturo , aperto alle sfide e
non provavo più
disinteresse e frustrazione.
Avevo finalmente trovato
una via che portasse alla
realizzazione .

Seconda parte.

1.

-cielo limpido-

Era cambiato tutto , oramai
sul cielo splendeva un
caldo sole primaverile.
Chi mi stava a fianco
sembrava partecipe della
mia vita e non ero fuori
posto in nessun luogo.
Quello che una volta era
solo un miraggio , ciò che
vedevo attraverso un vetro
appannato era ora realtà.

Anche il tragitto era cambiato , avevo preso in considerazione diverse strade ed ognuna di queste mi portava a casa. Tornando a casa quella volta non mi sentii giudicato e decisi di alzare gli occhi al cielo , non fu un movimento irrazionale ma aveva comunque una base istintiva .

Rimasi stupito , pensavo di aver colto sufficienti dettagli del mondo che mi circondava , ma avevo completamente ignorato gran parte delle bellezze che mi erano offerte dalla

natura e non me ne ero
mai reso conto.
Mi soffermai inizialmente
sulle chiome dei pini,
erano verdi , un verde
acceso , un verde vivo.
Affianco ai pini si
trovavano dei platani ,
colmi di gemme ma spogli
di foglie.
Quell'anno erano di poco
in ritardo , sembrava
stessero aspettando me .
Mi resi conto di alcuni
movimenti che le
chiome dei pini
compievano mosse dal
vento.
Sembravano quasi voler

accarezzare compassionevoli i vicini platani per ravvivare in loro la speranza ,più quelle foglie , quei rami si sfioravano e più le gemme sembravano voler esplodere in mille foglioline verdi.

Tutto ora sapeva di vivo , non riuscivo ancora ad impersonarmi in quel pino , ma i platani si avvicinavano molto alla mia condizione .

In fondo quei pini avevano aiutato anche me , mi sentivo maldestro e distratto nel non essermi mai accorto di quegli alberi , nonostante fossero lì da anni.

Subito dopo mi corressi , probabilmente se in passato avessi notato quella scena non ne sarei rimasto colpito in questo modo o non l'avrei compresa , nei sarei rimasto spaventato o l'avrei rinnegata , l'avrei spacciata per banale e fittizia.

Ora conoscevo abbastanza l'asfalto e le mura della città per poterla apprezzare realmente in

tutta la sua veridicità ed in
tutta le sua intensità .

2.

-in alto lo sguardo-

Avevo percorso la stessa
strada una miriade di volte
e solo adesso coglievo i
dettagli più profondi .
L'esser attento mi permise
di godermi in un modo
migliore ogni singolo
momento per quelle
strade.
Era proprio in questi
periodo dunque che iniziai
ad alzare lo sguardo.
Mi resi presto conto che
conoscevo benissimo
l'asfalto di quelle strade

ma non avevo mai avuto
modo di conoscerne i
nomi.
Che scemo ero stato!
Andavo cercando i dettagli
quando mancavano
ancora le basi , feci quindi
di tutto per non
scoraggiarmi e cominciai a
cercare ovunque le
intestazioni di quelle vie ,
tenevo gli occhi alzati e
scrutavo ovunque.
La ricerca non era
semplice e risultò più
complessa del previsto ,
era difficile accettare di
non aver compreso tutto.
Un fatto in particolare mi

colpì : perso nei pensieri
non avevo fatto attenzione
a dove mettessi i piedi .
Non fu sbadataggine ,
oramai non avevo più
timore di sbagliare strada.
Avevo compreso che
mantenendo lo sguardo
dritto davanti a me potevo
carpire le difficoltà prima
che l'eccessiva vicinanza
le rendesse insormontabili.
Evitai così ogni
problematicità senza mai
smettere di portar avanti la
mia ricerca.
Gli alberi mi erano ormai
amici e sembravano
indicarmi il dove

continuare a cercare.
Finalmente trovai quel che
da tempo andavo
cercando , come avevo
potuto non notarlo?
Il nome della via risaltava
sul bianco del marmo.
Fu un senso di sollievo e
sicurezza , finalmente
sapevo dove fossi , dopo
tanto tempo avevo una
collocazione sicura nello
spazio.
Incominciai dunque poco a
poco a prendere le redini
della mia vita ed
padroneggiare su me
stesso , ero certo che avrei
potuto solo che migliorare.

3.

-la ragazza del metrò-

Quel giorno era davvero
tardissimo e la fatica di
quella giornata scolastica
gravava sulle mie spalle.

Oramai mancavano pochi
mesi alla fine dell'anno ed
ogni cosa sapeva d'estate.

Fu proprio in quei giorni
che mi accadde una cosa
mai accaduta prima , forse
banale ma assolutamente
innovativa e rivoluzionaria
nella mia vita.

All'apparenza era un giorno come gli altri , le solite strade , i mezzi pubblici affollati , le soddisfazioni ed i pensieri.

Mi trovavo sulla metro diretta verso casa , fortunatamente quel giorno non era colma di persone e questo mi consentì di poter analizzare meglio la situazione circostante.

Mentre mi perdevo nei miei pensieri una ragazza si sedette davanti a me, Inizialmente non diedi troppo peso alla cosa ma poi cominciai ad

apprezzarla,
Non la conoscevo e
probabilmente mai la avrei
conosciuta ma già ne
interpretavo i gesti .

Era comprensibile e
misteriosa allo stesso
tempo.

La sua bocca dischiusa ed
i suoi occhi stanchi mi
fecero comprendere che
per lei non doveva esser
stata una giornata
semplice.

Forse la scuola , la
famiglia , l'amore .

Per ogni dettaglio svelato
ce ne era un altro celato , i
suoi occhi parlavano ,
forse ero io a non
comprenderne sempre il
linguaggio.

 Sembrava fosse alla
ricerca di qualcosa ,
pareva fosse alla ricerca di
ogni stratagemma per
esser felice.

Ancora non l'avevo
guardata nel complesso
ma già l'ammiravo .

Aveva i capelli in disordine
ma compensava con un
buon trucco e sarebbe

stato un bilancio neutro se non fosse che quei capelli incasinati erano un inaspettato motivo di bellezza.

 Non ne capivo le ragioni ma ero in lei , ormai ero nel suo mondo , distogliermene sarebbe stato impossibile.

 Si alzò in piedi , "sia già arrivata alla sua fermata? " Pensai ,
Cercai dunque di coglierne più dettagli possibili prima che se ne andasse.

Aveva mani molto curate con un brillante smalto color Tiffany , inoltre si era appena rifatta le sopracciglia : doveva tenerci molto.

Notai inoltre il suo sguardo disgustato nei confronti dei ragazzi che le stavano attorno , che ce l'avesse con il genere maschile?

A me invece non aveva proprio rivolto lo sguardo, che avesse paura di rimanere delusa da chi sarebbe stato in grado di comprenderla?

La sua fermata si avvicinava sempre più , il tempo stringeva e non riuscivo a formulare una frase che potesse stupirla , le porte si aprirono , non feci in tempo ad aprir bocca che lei scese dal vagone.

Rimasi deluso , avrei saputo come agire ma non lo avevo fatto , la vidi camminare dal finestrino sulla banchina , era sola , quasi spaesata , volevo urlarle che ormai ero nei suoi occhi e lei nei miei , che la sua immagine fosse indelebile nella mia mente e che non poteva non proseguire il viaggio davanti a me, non conoscevo ancora tanti , troppi dettagli di lei ma fu proprio in quel momento che il treno riprese la corsa , la cercai fino all'ultimo momento ma la vidi sparire.

Mi misi a sedere, guardai il posto dove prima era seduta , mi sentivo vuoto , decisi dunque di alzarmi , mi andai a sedere proprio dove fino a poco prima era stata lei.

Probabilmente un gesto istintivo ed irrazionale ma non privo di significato.

Le stavo dimostrando che le ero vicino anche se oramai non poteva vedermi .

Rimasi su quel posto ancora per un po' , non mi rimaneva altro di lei.
Ma purtroppo anche la mia fermata arrivò .

Mi alzai e mi sforzai di non voltarmi a guardare stavolta , cercai la forza in un atteggiamento banale e bambinesco.

Arrivato alla mia fermata e
scesi ma non resistetti ,
fui costretto a cedere a
quello stimolo irrefrenabile
, si chiusero le porte del
vagone e mi voltai a
guardare , era
nuovamente troppo tardi.

Incassai un duro colpo
quel giorno ma mi accorsi
d'esser cresciuto ,ormai
d'esser capace di gestire
una simile situazione se mi
si fosse ripresentata ,
quindi tornai a casa
sperando con tutto me
stesso che ciò sarebbe
accaduto , Non avrei

bruciato nuovamente una simile opportunità.

4.

-l'amico riconosciuto-

In questo periodo
cominciavo a stringere
rapporti significativi con
amici , amiche , parenti.
Prima di allora rimanevo
turbato nel conoscere o
frequentare persone .
Ritenevo impossibile
parlare con altri se in
primis era la
comunicazione con me
stesso a mancare.
Dunque imparai a
conoscermi e a parlarmi
proprio in quei mesi ed

ormai mi sentivo pronto
per stringere un legame
con qualcuno al di fuori di
me.
Come tutte le cose
semplici sicuramente non
era banale , non doveva
esser così scontato
stringere un rapporto vero
e sincero , dovevo metterci
tutto me stesso.
Fu in quel momento che
da lontano vidi un volto
conosciuto , non ne
ricordavo il nome ma
sapevo di conoscerlo.
Mi avvicinai
frettolosamente a quella
figura ma appena fui

abbastanza vicino da poterla salutare questa si girò e cominciò a camminare.

Fui preso dal panico ma presto mi calmai e ragionai : "mi basterà chiamarlo e si girerà" , tanto pensai e tanto feci.

Cominciai a chiamarlo , aumentai progressivamente il volume della voce , non ricordandone il nome tentai ogni tipo di esclamazione, ma nessun risultato, più alzavo il tono e più quello aumentava il passo , sembrava voler

fuggire da me.
Capii che non avevo ormai
alternative , dovevo
corrergli dietro, lui mi vide
con la coda dell'occhio e
cominciò prima a
camminare rapidamente e
poi a correre .
La situazione si metteva
sempre peggio , spesso
rischiammo di inciampare
ed ormai eravamo
stremati.
Lo avevo recuperato ed
evidentemente lo avevo
sfinito , infatti si appoggiò
al palo di un lampione.
Decisi quindi di giocar
d'astuzia , attraversai la

strada è gli girai attorno e mentre era intento a riprendere fiato gli piombai davanti.

Alzò il viso e sobbalzò indietro dallo spavento.

Lo guardai intensamente e capii che mi ero sbagliato , non avevo mai visto quel ragazzo prima di allora.

Rimasi spaesato per un istante , quasi impaurito , per una volta intendevo prendere il controllo della situazione .

Tesi la mia mano verso lo sconosciuto e dissi con voce chiara "piacere" , ero stato probabilmente

autoritario in quel gesto
ma l'altro si adeguò e
ricambiò la stretta di mano.
Avevo ottenuto il risultato
sperato , avevo trovato un
compagno di viaggio.
Non mancava molto per
tornare a casa e quel
giorno non tornai a casa
accompagnato solo dai i
miei pensieri.

-murales-

Tornando da scuola ogni
giorno imparavo cose
nuove , in me si andava
così formando non solo un
sapere libresco ma anche
una conoscenza visiva e
concreta.
Sapevo che conoscere
tutto sarebbe stato
impossibile , ma mi ero
posto l'obiettivo di saper
descrivere quelle vie se mi
fosse servito o se mi fosse
capitato che un passante
mi chiedesse informazioni
a riguardo.
Di certo ero sereno nel

pensare a quel futuro così
pieno di novità e di
energia.
Dunque camminavo , i
pensieri seguivano ciò che
mi circondava e non ero
preoccupato.
Ragionavo attentamente,
ma in questo pensare
l'ansia non prevaleva su gli
altri sentimenti.
Camminando osservavo il
muretto che mi
accompagnava ormai da
mesi , in principio doveva
esser bianco , ormai però
era stato sfogo di artisti di
strada.
Solitamente si è irriverenti

contro questi individui ,
devo dire però che questa
volta quelle scritte
variopinte erano
decisamente meglio di un
banale muro bianco.
Non erano scritte
comprensibili , la maggior
parte di queste erano sigle
o firme.
Arrivato nel mezzo del
percorso e del muro rimasi
colpito dall'originale
calligrafia di una scritta
nera che ben spiccava nel
mezzo del muro bianco.
Dello spazio la separava
dalle altre scritte , il che le
conferiva una certa

importanza.
La scritta citava così "No al razzismo." , sicuramente un tema non originale , ma allora perché scriverlo su un muro ?
Non doveva esser scontato se qualcuno avesse sentito la necessità di esplicarlo su un muro.
Era evidente un certo rispetto però nei confronti di quella scritta.
Non mi fermai troppo ad osservarla , ma continuai a riflettere a riguardo.
Mi interpellavo ancora su quali fossero le ragioni che avessero spinto un ignoto

individuo a scrivere su quel muro.

Era strano , tanti avevano scritto frasi palesemente prive di senso ed io mi creavo problemi sull'unica cosa apparentemente sensata.

Non era semplice trovare una soluzione e le più evidenti furono che esista ancora qualcuno che creda nell'utilità di quella scritta o che ci sia ancora qualcuno che creda nel suo contrario.

Non era un enigma semplice e cercai la risposta tra le nuvole.

Tirava un leggero vento ed i rami di una conifera si agitavano davanti ai miei occhi.

"È proprio vero che alcuni sentimenti sono sempreverdi, proprio come questo albero" e così pensando tornai a casa giurandomi che avrei trovato risposta a quegli interrogativi.

-temporale primaverile-

Per molti giorni avevo
goduto della vista del cielo
azzurro e non esiste niente
di più soggetto al
cambiamento di ciò che è
apparentemente stabile e
prevedibile.
Presto il cielo si coprì di
nuvole e un pioggerella
fine tagliava l'aria .
Non avevo l'ombrello con
me , ne un cappuccio da
indossare.
Ero da solo contro la
pioggia.
Il mondo a me circostante
ora aveva un aspetto

diverso , i riflessi del sole erano annullati e ogni cosa appariva grigia e cupa.
Presto mi abituai a quella penombra e ne feci quasi una necessità.
Avevo imparato a gestire le situazioni precarie ed instabili ,
mi sentivo soddisfatto ma avevo accantonato un dettaglio importante, mi stavo bagnando.
Specchiandomi nei finestrini delle auto posteggiate di fianco alla strada , notai che l'acqua mi aveva modellato in modo bizzarro i capelli che

avevano assunto una forma inusuale , sentivo il mio essere cambiato da cause che non potevo controllare.

Ormai mi ero bagnato , potevo solo affrettarmi per tornare a casa ad asciugarmi e ristabilire l'ordine .

Certo non fu semplice , ormai disabituato a guardarmi i piedi ero costretto a calcolare la distanza dalle pozzanghere in modo da riuscire ad evitarle in corsa.

Le schivavo ormai con

prontezza e non avevo
paura di quella pioggia che
si andava sempre più
affievolendo , fino a
cessare del tutto.
Prima che arrivassi a casa
spuntò nuovamente il sole
e tutto tornò alla normalità.
Ero stato vittima di un
imprevedibile temporale
primaverile.

7.

-il fotografo-

La pioggia del giorno
precedente aveva messo
in moto dinamiche che
erano rimaste nella
penombra molto a lungo.
Assistevo a come la vita
prenda forma dalle
intemperie.
Notai spostando per un
istante lo sguardo sul
tronco di un albero alcuni
funghi nati in seguito alle
forti piogge ed alla
conseguente umidità e
guardando ancor più in
basso vidi anche delle
foglioline di alcune
leguminose selvatiche farsi

forza per ritagliarsi uno spicchio di luce.

Rimasi affascinato da quella visone , il giorno precedente era solamente terra brulla , ora avevo davanti a me la vita.

Quelle piantine inoltre mi ricordarono molto la società che mi circondava , ognuno pronto a cercare il proprio benessere , calpestando gli altri se necessario senza comprendere il legame che ci stringe ; senza tener conto d'esser i frutti della stessa tempesta.

Mi fermai a riflettere,

probabilmente rientravo
assolutamente in quella
società, senza dubbio ero
anche io reo della stessa
accusa che muovevo nei
confronti della collettività.
Per un breve momento mi
sentii ipocrita , ma presto
mi lasciai alle spalle
questa consazione.
temevo di autoconvincermi
del falso nelle idee ma di
rimanere nella realtà
colpevole .
proseguendo in questo
pensiero mi ritrovai di
fronte un uomo , non
saprei dire la provenienza ,
probabilmente europeo ,

magari italiano , capelli brizzolati , avrei azzardato un uomo di mezza età , magari stanco del proprio lavoro .

Avvicinandomi notai che in mano aveva una macchina fotografica .

Che fosse un fotografo? Magari no , magari fotografava per diletto .

Mi aveva affascinato da sempre la fotografia e quel sentimento misto di malinconia ed emozione che l'accompagna.

Sembrava volesse fotografare ogni cosa per cristallizzarla e poterla riosservare a distanza di anni.

Seguivo i suoi scatti e fermavo nella mia mente delle immagini che dovevano apparire molto simili a quelle riprese dall'attento fotografo.

Non resistetti e ed oltrepassai il limite segnato dalla timidezza.

Non mi presentai , non reputai importante quella volta la mia interiorità , sentivo che tutto me stesso poteva trovarsi in quelle foto.

Mi limitai ad un cenno con la mano destra.

Ricambiò il mio saluto ,
dunque mi trovai
nell'imbarazzante
situazione di dover
motivare quell'atto di
cortesia.
Improvvisamente la
cortesia cambiò forma e
divenne puro
interessamento.
Gli chiesi il perché di
quegli scatti , non mi
rispose , piuttosto annuì ,
non sembrava avesse mai
pensato a voler dare una
motivazione , doveva
esser un mero sfogo.
Dunque chiesi di poter
vedere qualcuna delle sue

foto.
Mi colpirono due o tre di
queste.
Quelle immagini mi
riportarono alle
osservazioni fatte in tutti
quei giorni e le
contenevano tutte.
Rimasi soddisfatto, stavo
trovando un senso al mio
viaggio.
Posi lo sguardo sul mio
passato e percorsi tutta la
mia crescita lungo quelle
strade.
Non ero ancora arrivato al
termine , infatti dovevo
fare quel percorso ancora
per tanti e tanti altri giorni.

Ma già a distanza di un breve periodo avevo potuto ammirare un cambiamento.
Terminai il discorso con quel signore nella più sincera cordialità , portai lo sguardo verso la strada di ritorno e mi rimisi in cammino.

8.

-il gatto nero-

Era una giornata dominata da un sole intenso , l'aria era limpida e trasparente. Anche le emozioni sembravano più chiare e quel giorno mi sentivo bene.

Ero dunque soddisfatto, non che avessi avuto risultati concreti quel giorno , non era un benessere materiale , fisico , era piuttosto un senso di quiete e di pace interiore .

Era incredibile quante cose apparissero differenti

se osservate con uno stato d'animo positivo.

Lo stesso ulivo vicino al cancello della mia scuola appariva più verde e quelle piccole macchioline sulle foglie non lo rendevano più colpevole ma lo differenziavano da tutti gli altri, quel disordine apparente lo rendeva speciale.

Mi sentivo un po' come quell'ulivo , ero finalmente consapevole di esser speciale per chi fossi e non per altri attributi a me estranei.

Quest'ultima riflessione mi

lasciò sorpreso e mi
convinse ancor di più di
star percorrendo la strada
giusta.
Camminai a lungo
spensieratamente.
Ma ad un tratto la mia vista
si posò su un grosso gatto
dal manto nero.
Il sole brillava sul suo pelo
, sembrava velluto.
Era una visione bellissima
e sarei rimasto ore ad
ammirare il suo fascino.
Man mano che mi
avvicinai mi accorsi che
nessun altro proseguiva in
quella direzione , ero da
solo.

Quella volta la solitudine non mi dispiacque , non era motivo di ansie , con un certo egoismo pensai che fosse bellissimo non dover condividere un piacere come quello con nessun altro.

In fondo forse non si trattava di egoismo , semplicemente non sentivo di dovermi comportare in modo diverso con quel gatto se non come mi stavo comportando , non ero e non volevo esser osservato o seguito da nessuno.

Ad un tratto mi accorsi che non era un caso che nessuno si muovesse in quella direzione , nessuno andava incontro al felino perché ne temevano le conseguenze.
Esatto , avete capito bene , nessuno godeva dell'immensità di quell'emozione per pregiudizio e superstizione.
A parlar tutti i miei conoscenti deridevano i preconcetti e li definivano antiquati.
In quel momento però ad avvicinarsi non c'era

nessuno oltre a me.
L'indifferenza nei confronti
di quel muso e quel pelo
era impossibile, dovevano
evitarlo appositamente.
Arrivai molto vicino ,
avvicinai la mano troppo
rapidamente e l'animale si
spostò prontamente.
Prestò capì però le mie
reali intenzioni e fu egli
stesso a riavvicinarsi.
Si instaurò subito un
legame profondo , il gatto
si strusciò sulla mia mano
per qualche minuto.
Ad un tratto drizzò le
orecchie ; aveva lo
sguardo fisso alle mie

spalle , uno sguardo
attento e severo.
Qualcosa o qualcuno
doveva averlo spaventato ,
mi girai e vidi un bimbo per
mano della sua mamma
tirare con forza per
raggiungere il gatto.
Era incredibile la tenacia
con cui quel bambino
tentava di raggiungere
l'animale , la curiosità
doveva esser molta.
Il rapporto con la natura
non lascia indifferente
nessuno , soprattutto un
bambino ancora così
sensibile alla realtà delle
cose.

Poco prima che si avvicinasse tanto da poterlo toccare la mamma lo tirò via.
Il micio non si mosse di un passo , doveva aver già previsto l'esito della situazione.
"Andiamo piccolo , è un gatto, ti graffierà" disse la mamma al bambino , lo prese in braccio e lo portò via.
Se fino a pochi istanti prima mi interpellavo sul pregiudizio ora non avevo più dubbi , era corrotto l'intero sistema educativo.
La colpa non era della

mamma , ma dell'ambiente
nella quale è sempre stata
abituata a vivere.
Purtroppo mi trovai
costretto a salutare il gatto
e tornai a casa con la
promessa che sarei
tornato a salutarlo.

9.

-Il passaggio-

Non rimaneva ormai molto tempo e anche quell'anno scolastico stava terminando , ogni giorno di primavera ne portava via un pezzetto.
Il verde dominava per le strade ed ogni cosa splendeva di una luce magica e poco meno opacizzata del solito.
Avevo aperto gli occhi e tutto appariva mutato.
Ero sicuro di esser appena all'inizio di quel cambiamento che mi avrebbe accompagnato per tutto il resto della vita.

L'ipotesi che si trattasse di un sentimento totalmente nuovo si distaccava di molto dalla realtà , più probabilmente avevo solo prestato poca attenzione fino a quel momento.

Ero uscito da scuola e respiravo a pieni polmoni l'aria di quel leggero venticello tiepido che accompagnava la mia passeggiata.

Di frequente in passato mi era capitato di incontrare lungo il tragitto i miei genitori che in macchina tornavano dalla routine lavorativa.

Non avevo mai avuto motivo per rifiutare il loro passaggio , ora però da qualche tempo avevano deciso di cambiar strada per tornare a casa e le occasioni di incontrarli si facevano sempre più rare. Non sapevo immaginare che reazione avrei potuto avere se mi fosse ricapitato , se avessi avuto nuovamente la possibilità di un loro aiuto cosa avrei fatto? lo avrei rifiutato con orgoglio o per paura lo avrei colto immediatamente?
Non feci in tempo a

concludere questo
pensiero che vidi
avvicinarsi una automobile
molto simile a quella
posseduta dai miei
genitori.
I caratteri distintivi del
mezzo si facevano sempre
più chiari .

Non era una macchina
molto usuale dunque non
c'erano tante possibilità di
errore , doveva essere mio
padre.
Si avvicinò adagio e si
fermò al mio fianco, io sul
marciapiede , lui sulla
carreggiata limitrofa.
Continuai a camminare e

lui mi affiancava alla medesima velocità , mi fermai e fece lo stesso anche lui.

Lo guardai un istante , aveva una espressione interrogativa , poi aprì bocca " sali o no?" Avrei voluto rispondere subito di" no " ma finsi di pensarci e colsi l'occasione per cercare le cause di quel dilemma che tanto mi affliggeva in una così bella giornata.

Non era semplice ma eppure era evidente , forse ero troppo vicino per mettere a fuoco .

Mio padre attendeva con pazienza una risposta e cominciavo a sentirmi in colpa per l'attesa.
Cominciai dunque una frase senza né capo né coda "ehm.. perché.." poi mi fermai , mi concentrai , era tutto chiaro.
"Voglio tornare da solo" dissi ad alta voce .
" Perché mai dovresti rifiutare il passaggio?" Replicò mio padre.
"Perché ho trovato una strada che valga la pena d'esser percorsa, che ricompensa da sé tutta la mia fatica , che mi lascia

senza fiato ogni volta e mi rende orgoglioso di me stesso".

Per la prima volta vidi i suoi occhi stupirsi per merito mio.

"Allora , allora ti aspetto a casa" disse , alzò il finestrino e se ne andò.

Ero fiero di me stesso. avevo trovato la mia direzione , ero consapevole di ciò che stessi facendo e ne ero entusiasta.

Sapevo che non sarebbe stato semplice ma quella strada ormai mi apparteneva e per nessun

motivo al mondo l'avrei abbandonata .
Al mio ritorno a casa mio padre mi aveva atteso per pranzo , avevo guadagnato un pizzico di rispetto e per la prima volta mi sentivo responsabile , mi sentivo adulto.

10.

-L'inizio-

Quel giorno splendeva in cielo il sole più bello che avessi mai visto in vita mia.

Per quelle strade avevo imparato tanto e mi sentivo pronto a percorrerne di nuove.

Era probabilmente una delle ultime volte che avrei avuto la possibilità di cogliere novità in quelle vie , paradossalmente l'unica cosa della quale realmente non dubitavo nonostante la sua grande mutevolezza era il cielo.

Sicuramente lo avrei rivisto ogni giorno , a prescindere dalla strada e dall' umore ; come davanti ad una persona , guardandola ci si accorge che in ogni momento si ha di fronte un cielo differente.

In fondo questo pensiero era rintracciabile nel mio lo , simile ogni giorno ma mai identico al dì precedente. Forse paragonarmi al cielo era presuntuoso , era troppo , sarebbe stato più giusto pensarmi come una nuvola , presente ed assente allo stesso tempo. Questo pensiero non mi apparteneva , non più per lo meno , io c'ero e ne ero consapevole , sarebbe stata errata ogni altra deduzione.

Mentre così pensavo mi dirigevo verso casa.

Ero quasi arrivato quando una bella ragazza , forse poco più grande di me lasciò cadere delle dispense dalla borsa.

Dico che le lasciò cadere perché ammetto di non esser mai riuscito a capire se lo fece intenzionalmente o meno.

Fatto sta che quel mucchio cartaceo toccò

rumorosamente terra ed ella non se ne preoccupò minimamente.
Questo dettaglio mi lasciò ancor più perplesso.
Mi passò a fianco , corsi a prendere i fogli. Cercai il titolo , non lo trovai.
Alzai lo sguardo per chiamare la ragazza ma aveva girato l'angolo , non c'era più.
Avrei potuto inseguirla ma doveva averle lasciate appositamente.
Me ne convinsi , ne ero ormai sicuro , chi tiene ad una cosa non la lascia scappare così.

Sfogliai rapidamente quelle pagine, dovevano esser dei racconti , non sembravano esser concatenati ma quella doveva esser l'apparenza , doveva pur esserci un filo conduttore.
Il linguaggio in cui erano scritti era semplice ma non per questo giudicai male quello scritto , pensai che se qualcuno avesse speso tempo nel ragionarlo dovesse avere sicuramente delle buone ragioni per farlo e tali ragioni ne giustificavano ampiamente anche la

lettura.
Aveva tutta l'aria di esser
uno scritto privato forse di
una mano giovane dati i
frequenti errori di lessico e
sintassi dovuti
all'inesperienza.
Allo stesso tempo però
appariva aperto a diverse
interpretazioni.
Cominciai a leggerlo e
prima di pranzo lo finii ,
non era molto lungo.
Era evidente che però
contenesse tutto quel
momento di ispirazione e
scriver di più lo avrebbe
reso insipido.
Non mi capacitavo di come

una simile opera non
avesse un titolo , che
fosse anche quello da
interpretare liberamente?
Dunque non trovai altra
soluzione , affissi il mio
titolo a quelle parole ,
quell'esperienza doveva
aver un nome.
Dopo aver fatto ciò , misi
quel testo nella mia libreria
, avevo finalmente dato un
nome alla mia storia.

www.ingramcontent.com/pod-product-compliance
Lightning Source LLC
Chambersburg PA
CBHW070347300526
45791CB00023B/455